AF189879

Impressum
Verlag: BABADADA GmbH, Nedderfeld 112 , 22529 Hamburg
Geschäftsführer / Verlagsleitung: Harald Hof
Druck: Books on Demand GmbH, In de Tarpen 42, 22848 Norderstedt

Imprint
Publisher: BABADADA GmbH, Nedderfeld 112 , 22529 Hamburg, Germany
Managing Director / Publishing direction: Harald Hof
Print: Books on Demand GmbH, In de Tarpen 42, 22848 Norderstedt

l'école
iskola

la salle de classe
osztályterem

diviser
oszt

186/2

le tableau noir
asztal

la cour (de récréation)
iskolaudvar

le professeur
tanár

le papier
papír

écrire
írni

le stylo
toll

le bureau
íróasztal

la règle
vonalzó

le livre
könyv

l'élève
tanuló

le cartable

iskolatáska

la trousse

tolltartó

le crayon

ceruza

le taille-crayon

ceruzahegyező

la gomme

radír

le carnet à dessin

rajzfüzet

le dessin

rajz

le pinceau

ecset

la boîte de peinture

festőkészlet

les ciseaux

olló

la colle

ragasztó

le cahier d'exercices

munkafüzet

les devoirs

házi feladat

le chiffre

szám

additionner

összead

soustraire

kivon

multiplier

szoroz

calculer

számol

la lettre

betű

l'alphabet

ABC

le mot

szó

l'école - iskola

le texte

szöveg

lire

olvasni

la craie

kréta

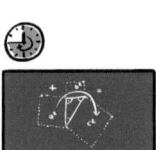

la leçon

tanóra

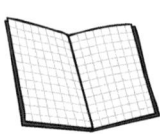

le livre de classe

napló

l'examen

vizsga

le certificat

bizonyítvány

l'uniforme scolaire

iskolai egyenruha

la formation

oktatás

le lexique

enciklopédia

l'université

egyetem

le microscope

mikroszkóp

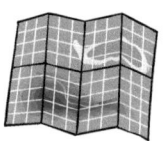

la carte

térkép

la corbeille à papier

papír-hulladék gyűjtő

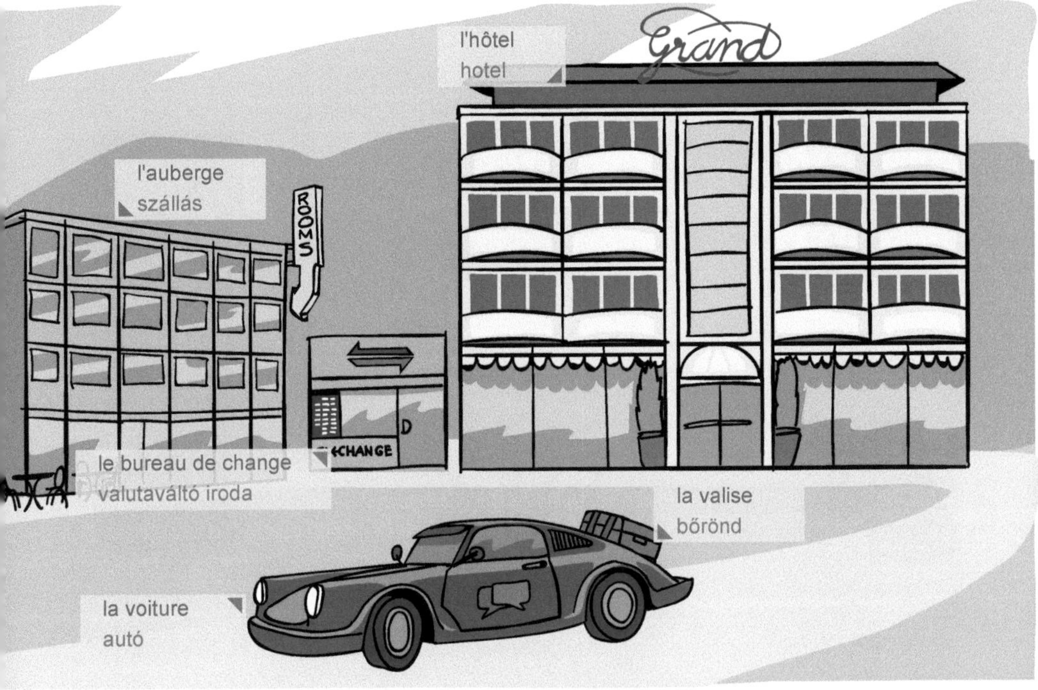

l'hôtel
hotel
Grand
l'auberge
szállás
ROOMS
le bureau de change
valutaváltó iroda
EXCHANGE
la valise
bőrönd
la voiture
autó

la langue

nyelv

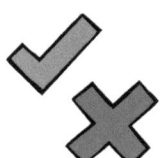

oui / non

igen/nem

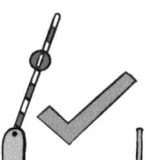

d'accord

rendben

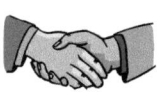

Salut

szia

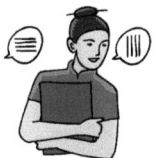

l'interprète

fordító

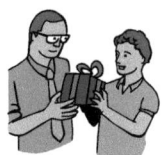

merci

köszönöm

Combien coûte...?

mennyibe kerül...?

Je ne comprends pas

nem értem

le problème

probléma

Bonsoir !

Jó estét!

Bonjour !

jó reggelt!

Bonne nuit !

jó éjszakát!

Au revoir

viszontlátásra

la direction

útirány

les bagages

poggyász

le sac

táska

le sac-à-dos

hátizsák

l'hôte

vendég

la pièce

szoba

le sac de couchage

hálózsák

la tente

sátor

l'office de tourisme

turista információ

la plage

strand

la carte de crédit

hitelkártya

le petit-déjeuner

reggeli

le déjeuner

ebéd

le dîner

vacsora

le billet

jegy

l'ascenseur

lift

le timbre

bélyeg

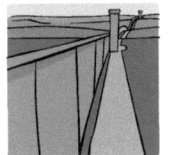

la frontière

határ

la douane

vám

l'ambassade

nagykövetség

le visa

vízum

le passeport

útlevél

le voyage - utazás

le transport
közlekedés

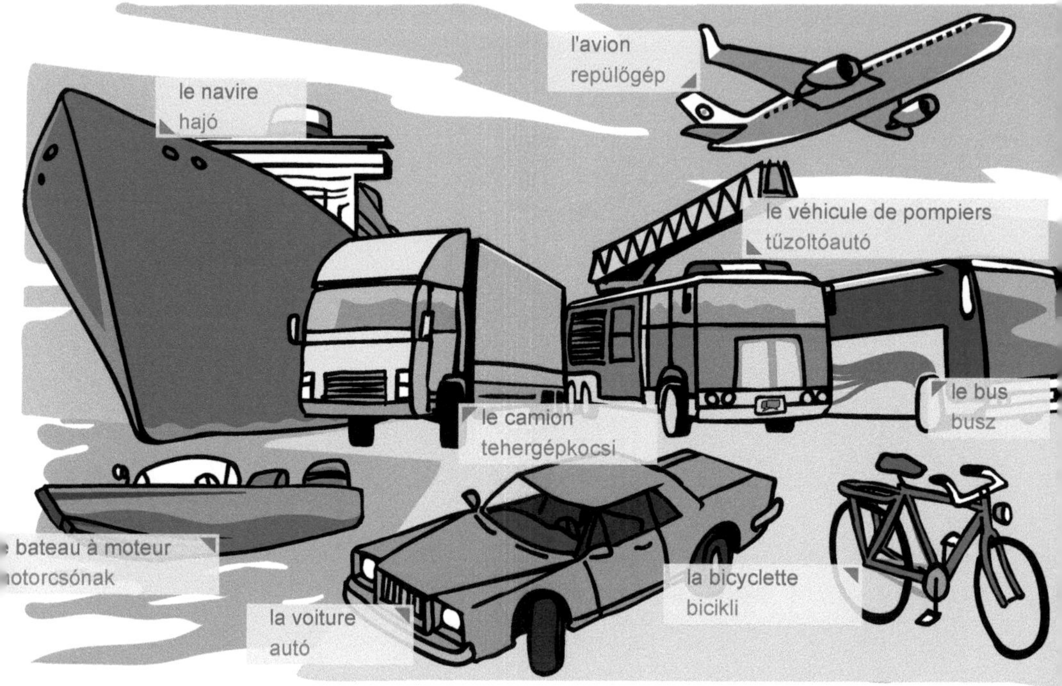

l'avion
repülőgép
le navire
hajó
le véhicule de pompiers
tűzoltóautó
le bus
busz
le camion
tehergépkocsi
bateau à moteur
otorcsónak
la bicyclette
bicikli
la voiture
autó

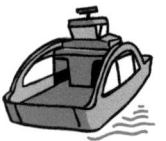

le ferry
komp

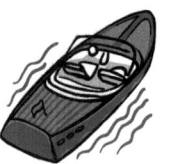

la barque
csónak

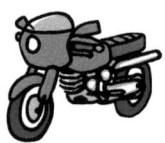

la moto
motorkerékpár

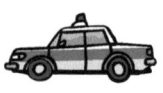

la voiture de police
rendőrautó

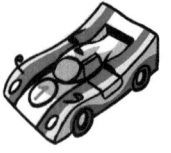

la voiture de course
versenyautó

la voiture de location
bérautó

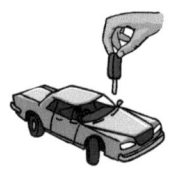

l'auto-partage
telekocsi

la voiture de remorquage
vontató

la benne à ordures
szemetes autó

le moteur
motor

l'essence
üzemanyag

la station d'essence
benzinkút

le panneau indicateur
közlekedési tábla

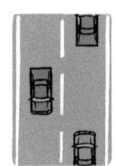

le trafic
forgalom

l'embouteillage
forgalmi dugó

le parking
parkoló

la gare
vonatállomás

les rails
sínek

le train
vonat

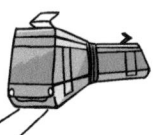

le tramway
villamos

le wagon
vagon

l'hélicoptère

helikopter

l'aéroport

repülőtér

la tour

torony

le passager

utas

le conteneur

konténer

le carton

kartondoboz

le chariot

taliga

la corbeille

kosár

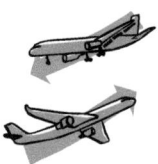

décoller / atterrir

felszáll / leszáll

la ville

város

le village

falu

le centre-ville

városközpont

la maison

ház

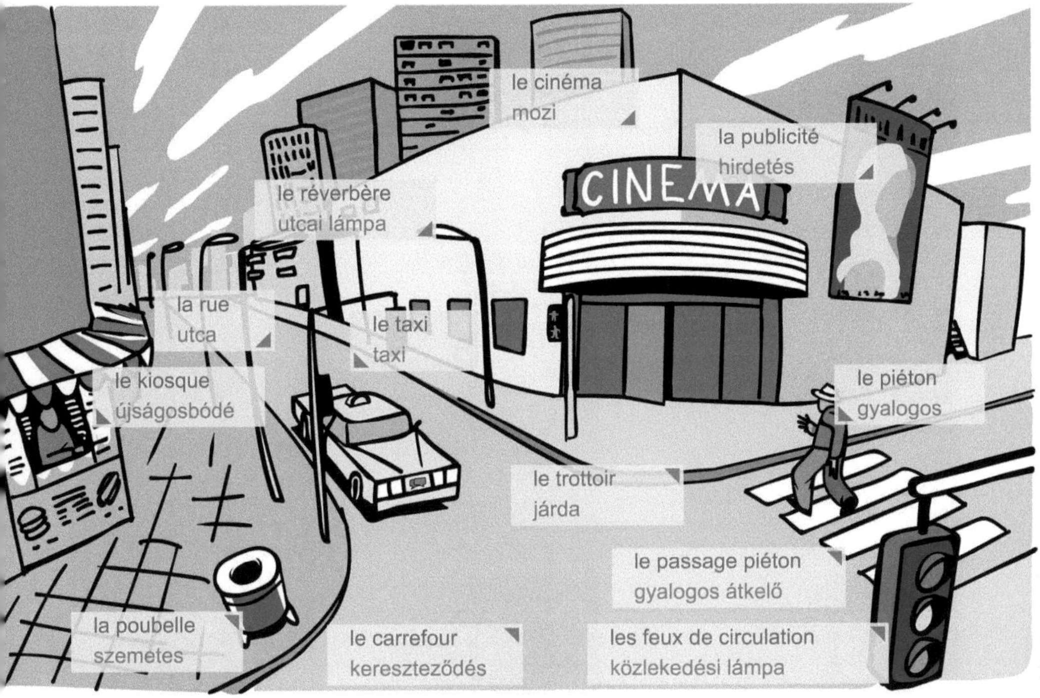

le cinéma
mozi

la publicité
hirdetés

le réverbère
utcai lámpa

CINEMA

la rue
utca

le taxi
taxi

le kiosque
újságosbódé

le piéton
gyalogos

le trottoir
járda

le passage piéton
gyalogos átkelő

la poubelle
szemetes

le carrefour
kereszteződés

les feux de circulation
közlekedési lámpa

la cabane
kunyhó

l'appartement
lakás

la gare
vonatállomás

la mairie
városháza

le musée
múzeum

l'école
iskola

l'université

egyetem

la banque

bank

l'hôpital

kórház

l'hôtel

hotel

la pharmacie

gyógyszertár

le bureau

iroda

la librairie

könyvesbolt

le magasin

üzlet

le fleuriste

virágüzlet

le supermarché

szupermarket

le marché

piac

le grand magasin

áruház

la poissonnerie

halárus

le centre commercial

bevásárló központ

le port

kikötő

le parc

park

la banque

pad

le pont

híd

les escaliers

lépcső

le métro

metró

le tunnel

alagút

l'arrêt de bus

buszmegálló

le bar

bár

le restaurant

étterem

la boîte à lettres

postaláda

le panneau indicateur

utcatábla

le parcmètre

parkoló óra

le zoo

állatkert

le réverbère

uszoda

la mosquée

mecset

la ferme
gazdálkodás

la pollution
környezetszennyezés

la cimetière
temető

l'église
templom

l'aire de jeux
játszótér

le temple
szentély

le paysage
táj

la feuille
levél

le panneau indicateur
útjelző tábla

le chemin
út

le pré
rét

la pierre
kő

le randonneur
túrázó

l'arbre
fa

la rivière
folyó

l'herbe
fű

la fleur
virág

la vallée

völgy

la montagne

domb

le lac

tó

la forêt

erdö

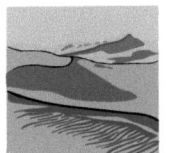

le désert

sivatag

le volcan

vulkán

le château

kastély

l'arc-en-ciel

szivárvány

le champignon

gomba

le palmier

pálmafa

le moustique

szúnyog

la mouche

légy

les fourmis

hangya

l'abeille

méhecske

l'araignée

pók

le coléoptère

bogár

la grenouille

béka

l'écureuil

mókus

le hérisson

sündisznó

le lièvre

nyúl

la chouette

bagoly

l'oiseau

madár

le cygne

hattyú

le sanglier

vaddisznó

le cerf

szarvas

l'élan

rénszarvas

le barrage

gát

l'éolienne

szélturbina

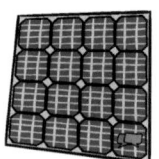

le panneau solaire

napelem

le climat

éghajlat

le restaurant
étterem

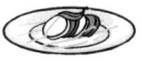

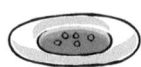

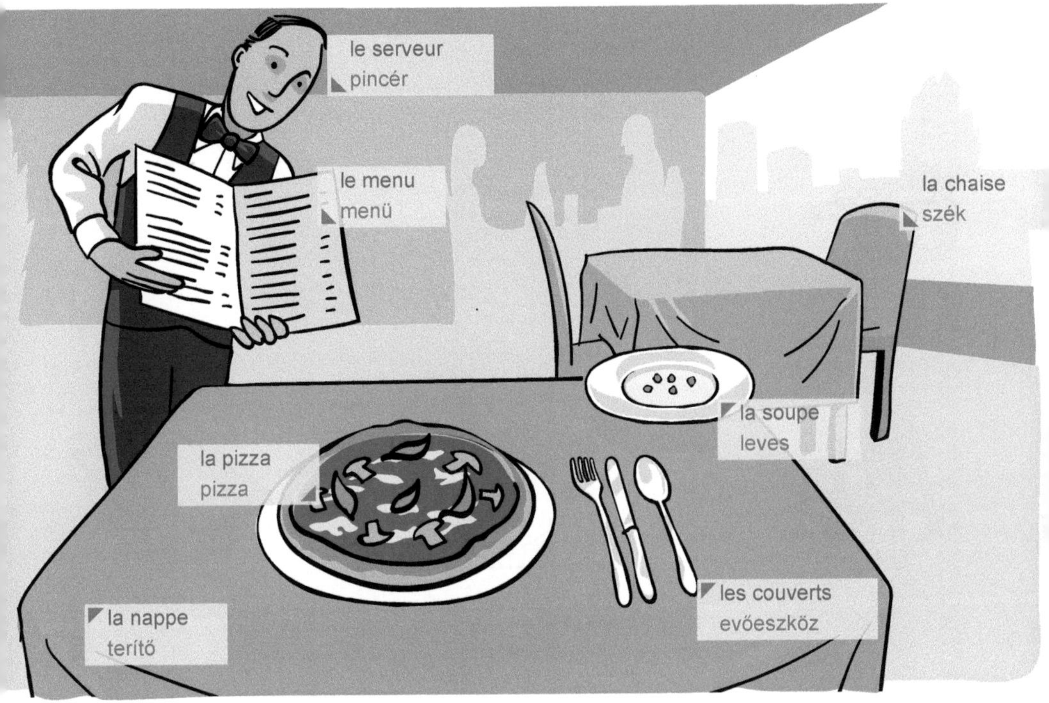
le serveur
pincér
le menu
menü
la chaise
szék
la soupe
leves
la pizza
pizza
les couverts
evőeszköz
la nappe
terítő

les hors d'œuvre
....
előétel

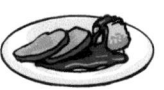

le plat principal
....
főétel

le dessert
....
desszert

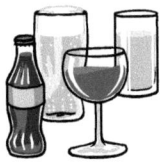

les boissons
....
italok

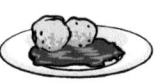

l'alimentation
....
étel

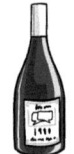

la bouteille
....
üveg

le fast-food

gyorsétel

les plats à emporter

gyorsétel

la théière

teás kanna

le sucrier

cukortartó

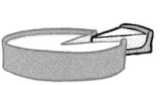

la portion

adag

la machine à expresso

eszpresszógép

la chaise haute

bárszék

la facture

számla

le plateau

tálca

le couteau

kés

la fourchette

villa

la cuillère

kanál

la cuillère à thé

teáskanál

la serviette

szalvéta

le verre

pohár

l'assiette
tányér

l'assiette à soupe
leveses tányér

la soucoupe
csészealj

la sauce
szósz

la salière
sószóró

le moulin à poivre
borsőrlő

le vinaigre
ecet

l'huile
étkezési olaj

les épices
fűszerek

le ketchup
ketchup

la moutarde
mustár

la mayonnaise
majonéz

le supermarché
szupermarket

l'offre promotionnelle
különleges ajánlat
le client
ügyfél
les produits laitiers
tejtermék
les fruits
gyümölcsök
le chariot
bevásárló kocsi
FOR

BUTCHERS

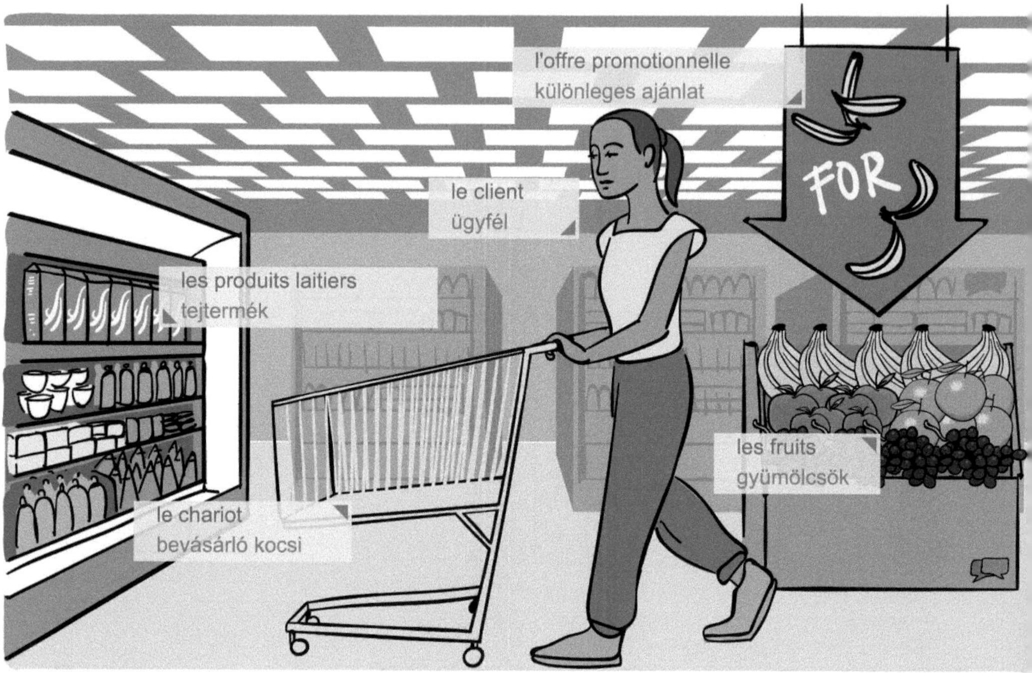

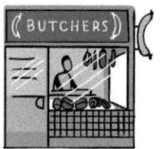

la boucherie

hentes

BAKERY

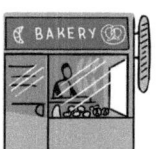

la boulangerie

pékség

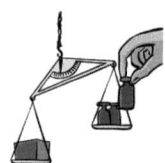

peser

nyom valamennyit

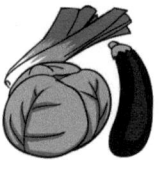

les légumes

zöldség

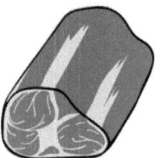

la viande

hús

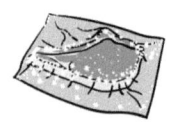

les aliments surgelés

fagyasztott áru

la charcuterie

felvágott

les conserves

konzerv

la poudre à lessive

mosópor

les bonbons

édességek

les articles ménagers

háztartási termék

les détergents

tisztítószerek

la vendeuse

eladó

la caisse

pénztárgép

le caissier

eladó

la liste d'achats

bevásárló lista

les heures d'ouverture

nyitva tartás

le portefeuille

levéltárca

la carte de crédit

hitelkártya

le sac

zacskó

le sac en plastique

műanyag zacskó

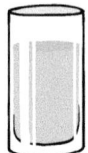

l'eau

víz

le jus de fruit

gyümölcslé

le lait

tej

le coca

kóla

le vin

bor

la bière

sör

l'alcool

alkohol

le chocolat chaud

kakaó

le thé

tea

le café

kávé

l'expresso

eszpresszó

le cappuccino

kapucsínó

la banane

banán

la pomme

alma

l'orange

narancs

le melon

sárgadinnye

le citron.

citrom

la carotte

sárgarépa

l'ail

fokhagyma

le bambou

bambusz

l'oignon

hagyma

le champignon

gomba

les noisettes

magvak

les pâtes

nokedli

les spaghetti

spagetti

le riz

rizs

la salade

saláta

les pommes frites

sült krumpli

les pommes de terre rôties

sült burgonya

la pizza

pizza

le hamburger

hamburger

le sandwich

szendvics

l'escalope

hússzelet

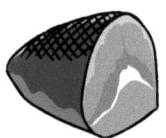

le jambon

sonka

le salami

szalámi

la saucisse

kolbász

le poulet

csirke

le rôti

pecsenye

le poisson

hal

les flocons d'avoine

zabkása

le muesli

müzli

les cornflakes

kukoricapehely

la farine

liszt

le croissant

croissant

les petits-pains

zsemle

le pain

kenyér

le pain grillé

pirítós kenyér

les biscuits

keksz

le beurre

vaj

le fromage blanc

túró

le gâteau

sütemény

l'œuf

tojás

l'œuf au plat

tükörtojás

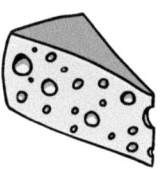

le fromage

sajt

la glace

jégkrém

le sucre

cukor

le miel

méz

la confiture

lekvár

la crème nougat

mogyorókrém

le curry

curry

la ferme
gazdálkodás

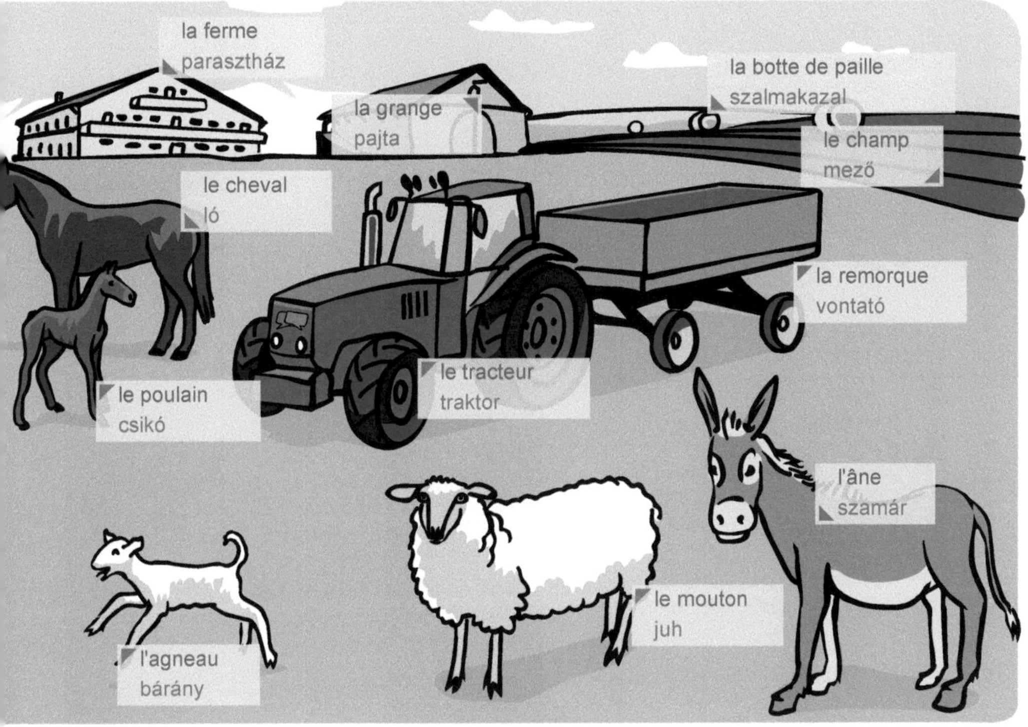
la ferme
parasztház
la botte de paille
szalmakazal
la grange
pajta
le champ
mező
le cheval
ló
la remorque
vontató
le tracteur
traktor
le poulain
csikó
l'âne
szamár
le mouton
juh
l'agneau
bárány

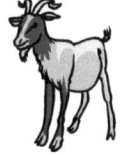

la chèvre
kecske

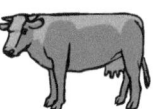

la vache
tehén

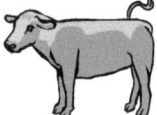

le veau
borjú

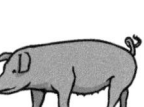

le porc
malac

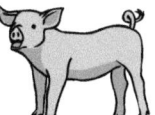

le porcelet
kismalac

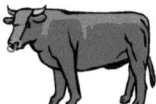

le taureau
bika

l'oie

liba

le canard

kacsa

le poussin

csibe

la poule

tojó

le coq

kakas

le rat

patkány

le chat

macska

la souris

egér

le bœuf

ökör

le chien

kutya

le chenil

kutyaház

le tuyau de jardin

kerti öntözőcső

l'arrosoir

öntözőkanna

la faucheuse

kasza

la charrue

eke

la faucille

sarló

la pioche

kapa

la fourche

vasvilla

la hache

fejsze

la brouette

talicska

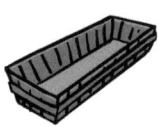

la cuve

teknő

le pot à lait

tejes kancsó

le sac

zsák

la clôture

kerítés

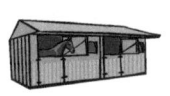

l'étable

istálló

le serre

üvegház

le sol

talaj

les semences

vetőmag

l'engrais

trágya

la moissonneuse-batteuse

cséplőgép

récolter

szüretelni

la récolte

betakarítás

l'igname

yamgyökér

le blé

búza

le soja

szója

la pomme de terre

burgonya

le maïs

kukorica

le colza

repcemag

l'arbre fruitier

gyümölcsfa

le manioc

manióka

les céréales

gabona

la maison
ház

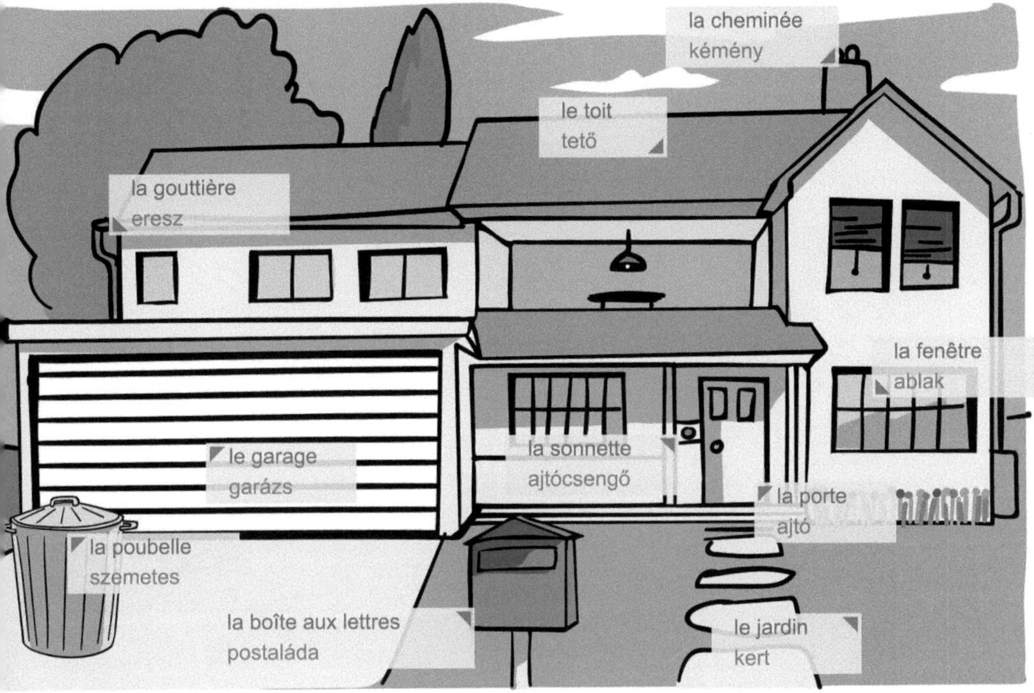
la cheminée
kémény
le toit
tető
la gouttière
eresz
la fenêtre
ablak
le garage
garázs
la sonnette
ajtócsengő
la porte
ajtó
la poubelle
szemetes
la boîte aux lettres
postaláda
le jardin
kert

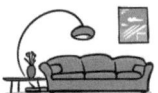

le salon
nappali

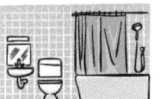

la salle de bain
fürdőszoba

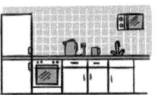

la cuisine
konyha

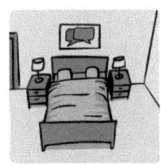

la chambre à coucher
hálószoba

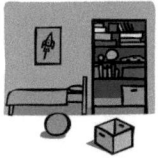

la chambre d'enfant
gyerekszoba

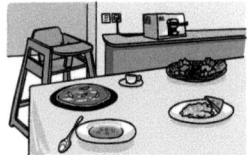

la salle à manger
ebédlő

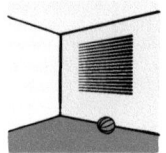

le sol
padló

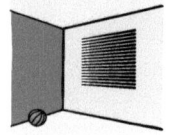

le mur
fal

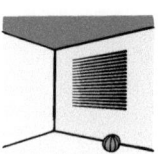

le plafond
plafon

la cave
pince

le sauna
szauna

le balcon
erkély

la terrasse
terasz

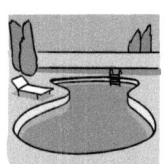

la piscine
medence

la tondeuse à gazon
fűnyíró

la housse
lepedő

la couette
ágytakaró

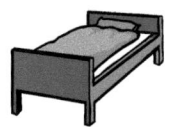

le lit
ágy

le balai
seprű

le sceau
vödör

l'interrupteur
kapcsoló

le salon
nappali

le papier peint
tapéta
l'image
kép
la lampe
lámpa
l'étagère
polc
l'armoire
szekrény
la télé
televízió
la cheminée
kandalló
la fleur
virág
le coussin
párna
le sofa
kanapé
le vase
váza
la télécommande
távirányító

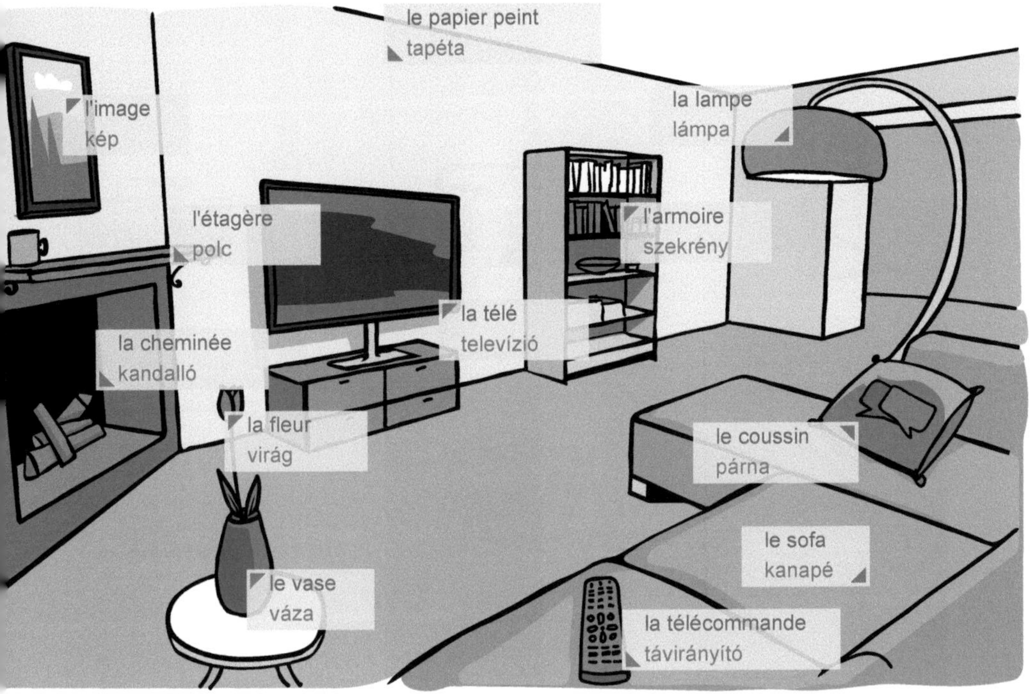

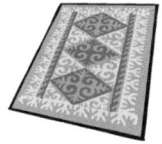

le tapis
szőnyeg

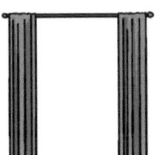

le rideau
függöny

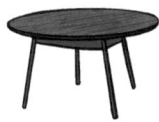

la table
asztal

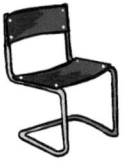

la chaise
szék

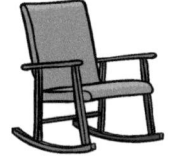

la chaise à bascule
hintaszék

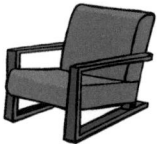

le fauteuil
karosszék

le livre

könyv

la couverture

takaró

la décoration

dekoráció

le bois de chauffage

tűzifa

le film

film

la chaîne hi-fi

hifi

la clé

kulcs

le journal

újság

la peinture

festmény

le poster

poszter

la radio

rádió

le bloc-notes

jegyzetfüzet

l'aspirateur

porszívó

le cactus

kaktusz

la bougie

gyertya

la cuisine
konyha

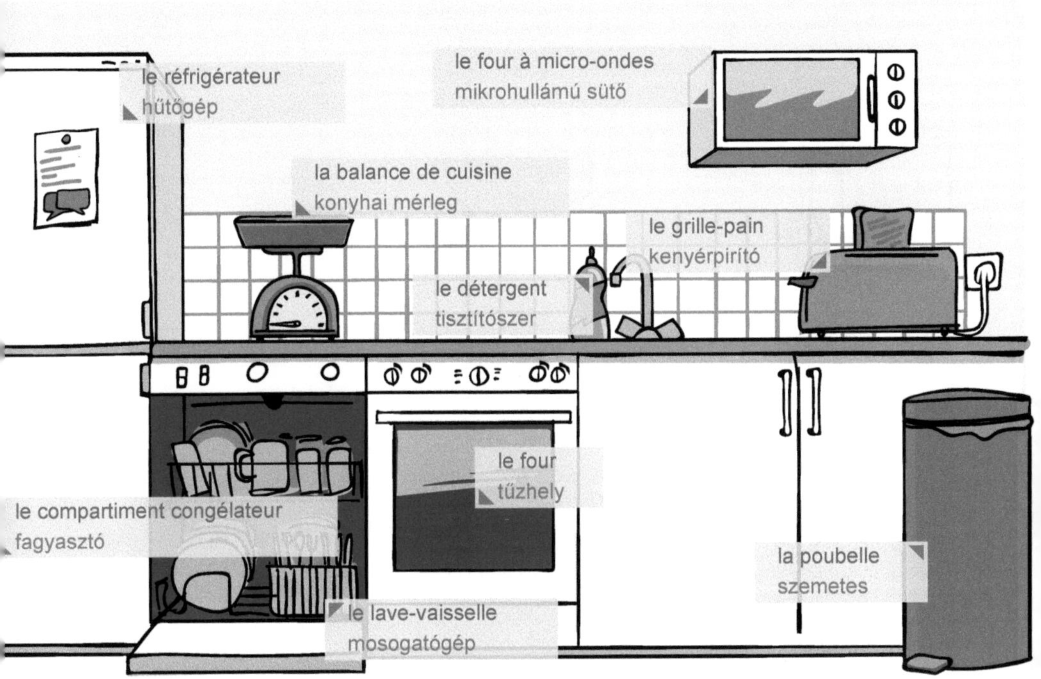
le réfrigérateur
hűtőgép
le four à micro-ondes
mikrohullámú sütő
la balance de cuisine
konyhai mérleg
le grille-pain
kenyérpirító
le détergent
tisztítószer
le four
tűzhely
le compartiment congélateur
fagyasztó
la poubelle
szemetes
le lave-vaisselle
mosogatógép

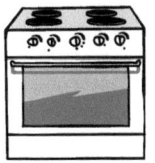

le four

tűzhely

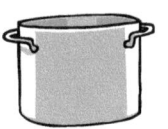

la casserole

edény

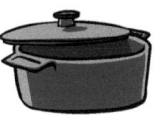

la marmite

vasfazék

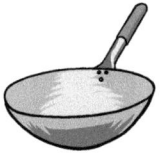

le wok / kadai

wok / kadai

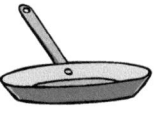

la poêle

serpenyő

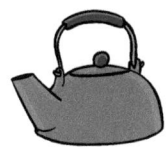

la bouilloire electrique

vízforraló

le cuiseur vapeur

pároló

la plaque de cuisson

tepsi

la vaisselle

étkészlet

le gobelet

bögre

la coupe

tálka

les baguettes

evőpálcika

la louche

merőkanál

la spatule

keverőlapátka

le fouet

habverő

la passoire

szűrő

le tamis

szita

la râpe

reszelő

le mortier

mozsár

le barbecue

grillsütő

la cheminée

kandalló

la planche à découper

vágódeszka

le rouleau à pâtisserie

sodrófa

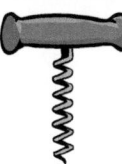

le tire-bouchon

dugóhúzó

la boîte

doboz

l'ouvre-boîte

konzervnyitó

les maniques

edényfogó

le lavabo

mosogató

la brosse

kefe

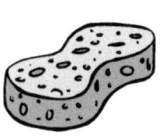

l'éponge

szivacs

le mixeur

turmixgép

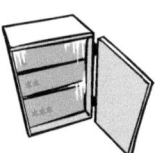

le congélateur

mélyhütö

le biberon

cumisüveg

le robinet

csap

la salle de bain
fürdőszoba

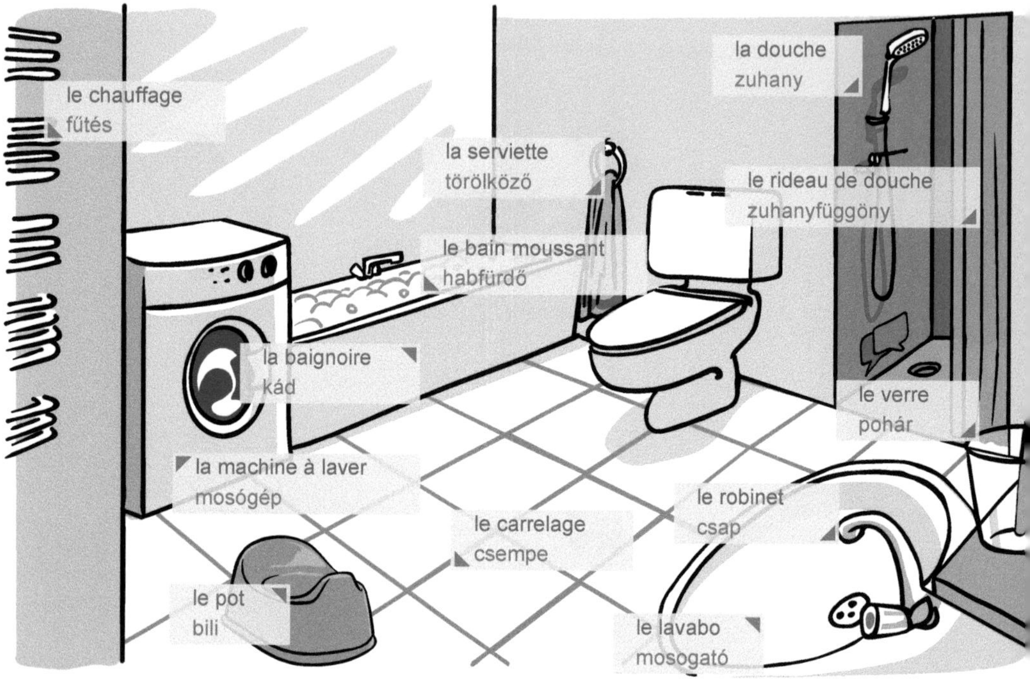
le chauffage
fűtés
la douche
zuhany
la serviette
törölköző
le rideau de douche
zuhanyfüggöny
le bain moussant
habfürdő
la baignoire
kád
le verre
pohár
la machine à laver
mosógép
le robinet
csap
le carrelage
csempe
le pot
bili
le lavabo
mosogató

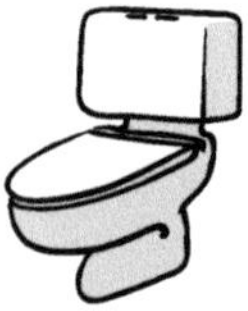

les toilettes

toalett

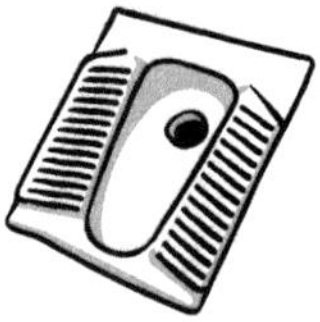

la toilette à la turque

guggolós toalett

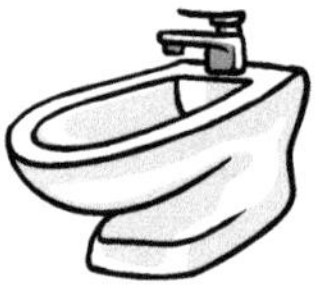

le bidet

bidé

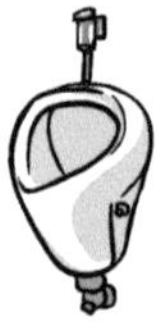

l'urinoir

piszoár

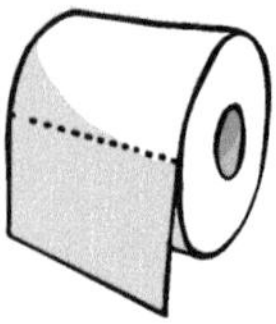

le papier toilette

toalett papír

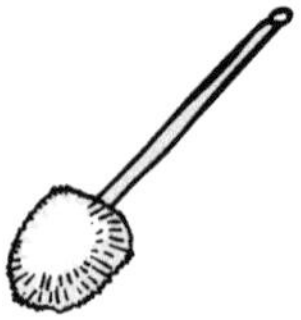

la brosse à toilette

wc kefe

la brosse à dents

fogkefe

le dentifrice

fogkrém

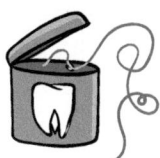

le fil dentaire

fogselyem

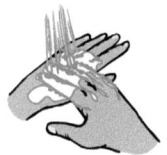

laver

mosni

la douche manuelle

kézi zuhany

la douche intime

intimzuhany

la vasque

mosdótál

la brosse dorsale

hátmosó kefe

le savon

szappan

le gel douche

tusfürdő

le shampooing

sampon

le gant de toilette

mosdókesztyű

l'écoulement

lefolyó

la crème

krém

le déodorant

dezodor

le miroir

tükör

le miroir cosmétique

kézitükör

le rasoir

borotva

la mousse à raser

borotvahab

l'après-rasage

borotválkozás utáni
arcszesz

la peigne

fésű

la brosse

hajkefe

le sèche-cheveux

hajszárító

la laque pour cheveux

hajlakk

le fond de teint

smink

le rouge à lèvres

ajakrúzs

le vernis à ongles

körömlakk

l'ouate

vatta

le coupe-ongles

körömvágó olló

le parfum

parfüm

la trousse de toilette

neszesszer

le tabouret

sámli

le pèse-personne

mérleg

le peignoir

köntös

les gants de nettoyage

gumikesztyű

le tampon

tampon

s serviettes hygiéniques

egészségügyi betét

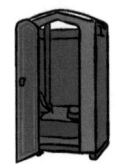

la toilette chimique

vegyi WC

la chambre d'enfant
gyerekszoba

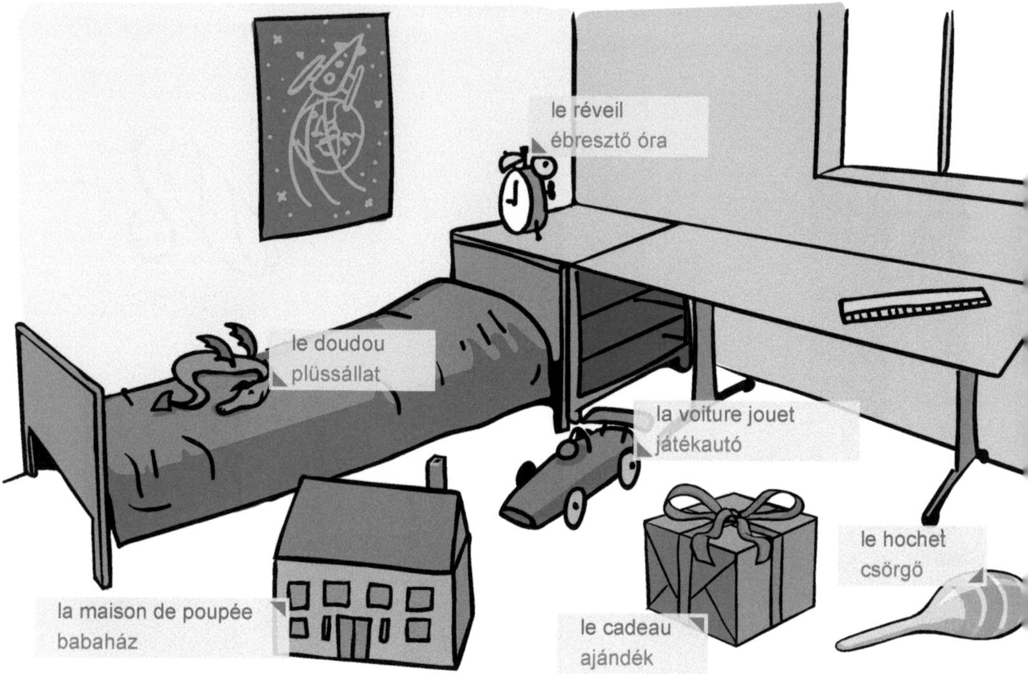

le réveil
ébresztő óra
le doudou
plüssállat
la voiture jouet
játékautó
le hochet
csörgő
la maison de poupée
babaház
le cadeau
ajándék

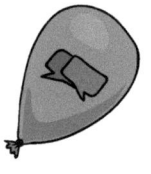

le ballon

lufi

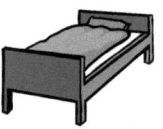

le lit

ágy

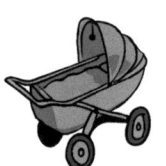

la poussette

babakocsi

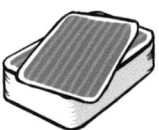

le jeu de cartes

kártyapakli

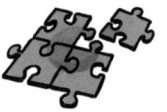

le puzzle

kirakós játék

SUPER
MEGA

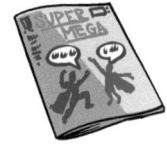

la bande dessinée

képregény

les pièces lego

építőkockák

les blocs de construction

építőelem

la figurine

szuperhős

la grenouillère

rugdalózó

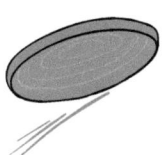

le frisbee

frizbi

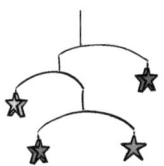

le mobile

zenélő forgó

le jeu de société

társasjáték

le dé

kocka

le train miniature

modellvasút

la sucette

cumi

la fête

zsúr

le livre d'images

képeskönyv

la balle

labda

la poupée

baba

jouer

játszani

le bac à sable

homokozó

la balançoire

hinta

les jouets

játékok

la console de jeu

videójáték konzol

le tricycle

tricikli

l'ours en peluche

teddi maci

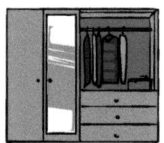

l'armoire

ruhásszekrény

les vêtements
ruházat

les chaussettes

zokni

les bas

harisnya

le collant

harisnyanadrág

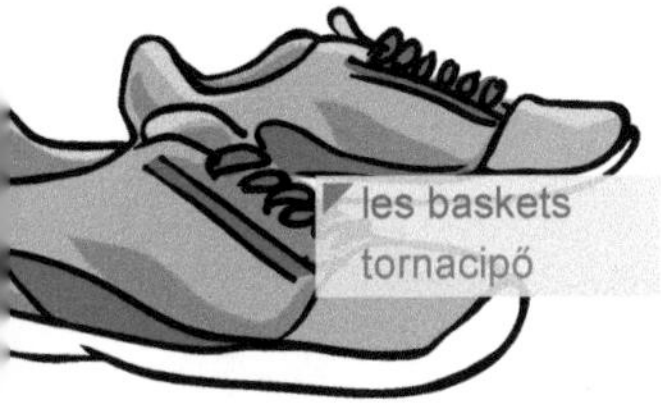

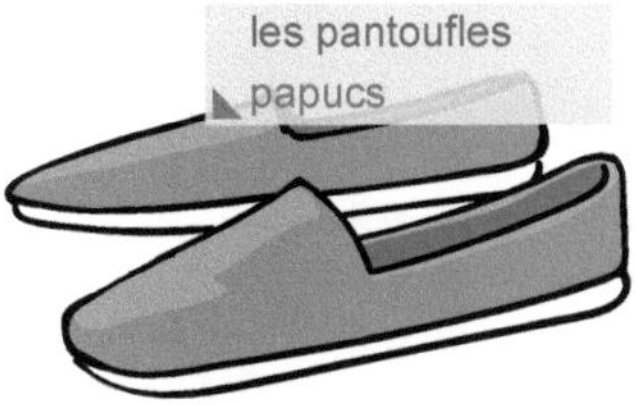

l'écharpe
sál

la ceinture
öv

le parapluie
esernyő

le t-shirt
póló

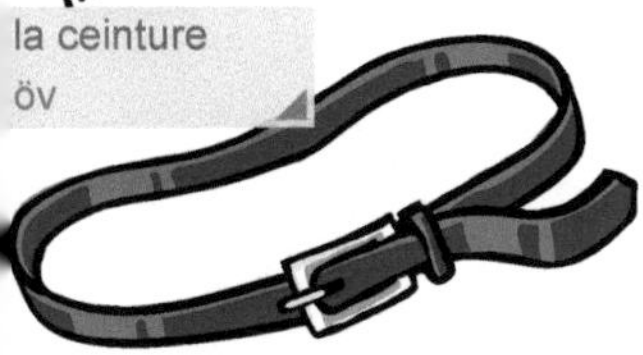

les baskets
tornacipő

les bottes
csizma

les pantoufles
papucs

les sandales

szandál

les chaussures

cipő

les bottes de caoutchouc

gumicsizma

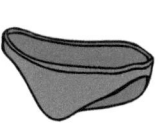

les sous-vêtements

alsónadrág

le soutien-gorge

melltartó

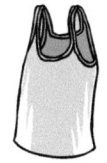

le maillot de corps

mellény

les vêtements - ruházat

le body

body

le pantalon

nadrág

le jean

farmer

la jupe

szoknya

le chemisier

blúz

la chemise

ing

le pull

pulóver

le sweat à capuche

kapucnis pulóver

la veste

blézer

la veste

dzseki

le manteau

kabát

l'imperméable

esőkabát

le costume

kosztüm

la robe

ruha

la robe de mariée

esküvői ruha

le costume

öltöny

la chemise de nuit

hálóing

le pyjama

pizsama

le sari

szári

le foulard

fejkendő

le turban

turbán

la burqa

burka

le caftan

kaftán

l'abaya

abaya

le maillot de bain

fürdőruha

le maillot de bain

fürdőnadrág

le short

rövidnadrág

a tenue d'entraînement

tréningruha

le tablier

kötény

les gants

kesztyű

le bouton

gomb

les lunettes

szemüveg

le bracelet

karkötő

le collier

nyaklánc

la bague

gyűrű

la boucle d'oreille

fülbevaló

le bonnet

sapka

le cintre

vállfa

le chapeau

kalap

la cravate

nyakkendő

la fermeture éclair

cipzár

le casque

bukósisak

les bretelles

nadrágtartó

l'uniforme scolaire

iskolai egyenruha

l'uniforme

egyenruha

le bavoir

előke

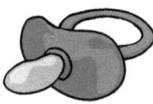

la sucette

cumi

la lange

pelenka

le bureau
iroda

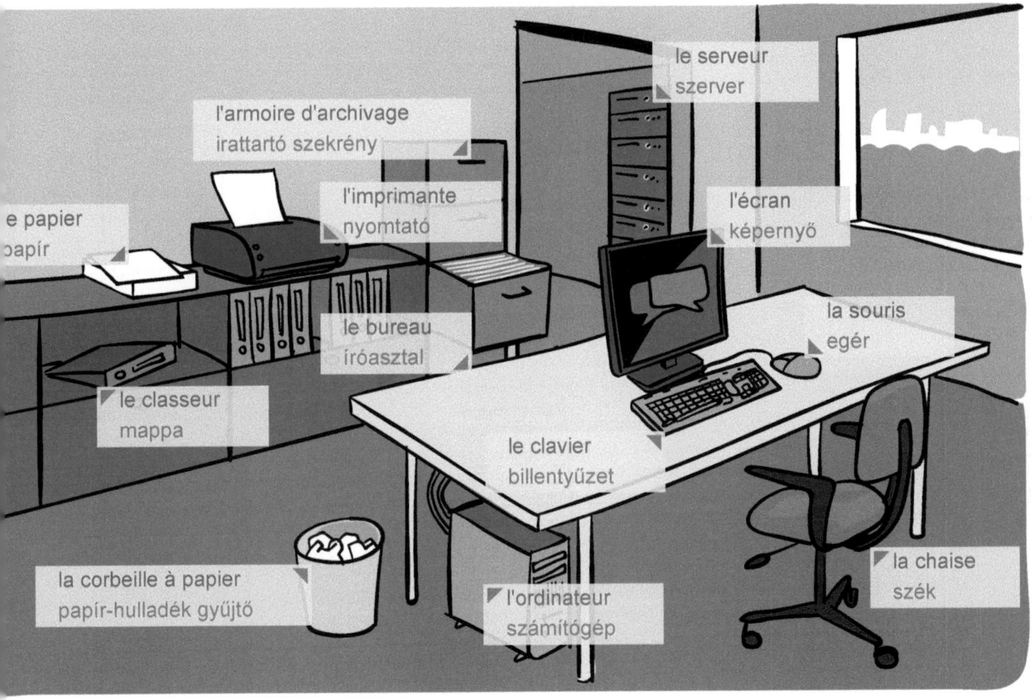

le serveur
szerver

l'armoire d'archivage
irattartó szekrény

l'imprimante
nyomtató

l'écran
képernyő

le papier
papír

la souris
egér

le bureau
íróasztal

le classeur
mappa

le clavier
billentyűzet

la corbeille à papier
papír-hulladék gyűjtő

la chaise
szék

l'ordinateur
számítógép

la tasse de café

kávéscsésze

la calculatrice

számológép

l'internet

internet

l'ordinateur portable
laptop

la lettre
levél

le message
üzenet

le portable
mobiltelefon

le réseau
hálózat

la photocopieuse
fénymásoló

le logiciel
szoftver

le téléphone
telefon

la prise
konnektor

le fax
faxgép

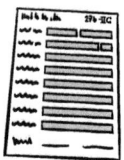

le formulaire
formanyomtatvány

le document
dokumentum

acheter

venni

payer

fizetni

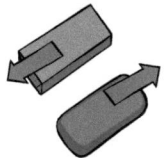

faire du commerce

kereskedni

la monnaie

pénz

le dollar

dollár

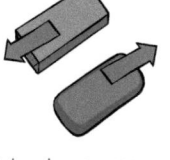

l'euro

euró

le yen

jen

le rouble

rubel

le franc suisse

svájci frank

le renminbi yuan

kínai jüan

la roupie

rúpia

le distributeur automatique

bankautomata

le bureau de change

valutaváltó iroda

l'or

arany

l'argent

ezüst

le pétrole

olaj

l'énergie

energia

le prix

ár

le contrat

szerződés

la taxe

adó

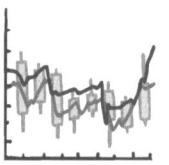

l'action

részvény

travailler

dolgozni

l'employé

munkavállaló

l'employeur

munkaadó

l'usine

gyár

le magasin

üzlet

les professions
foglalkozások

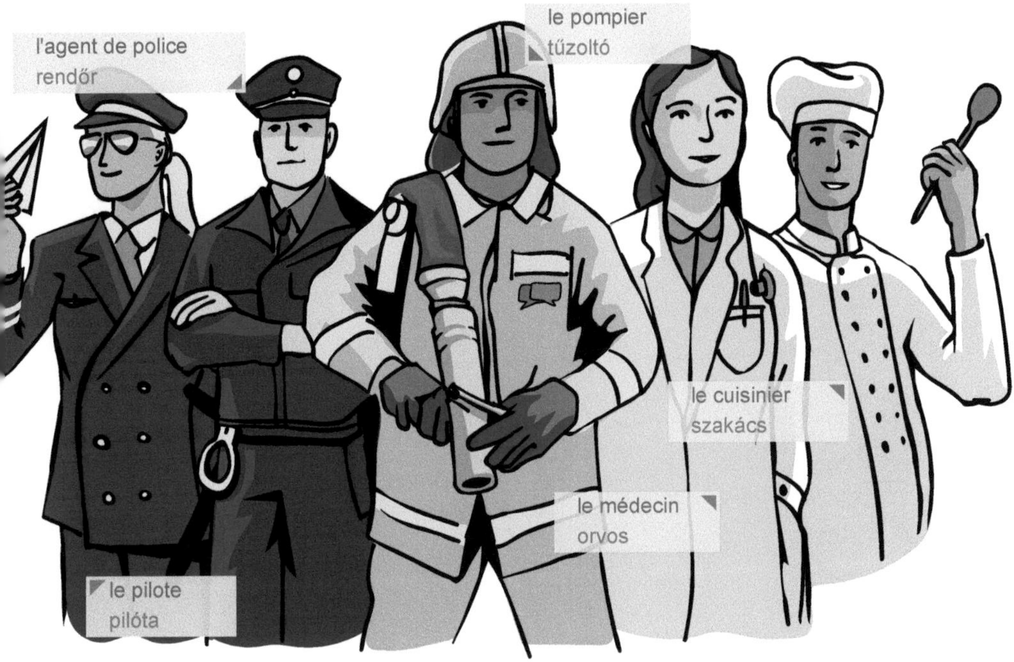
le pompier
tűzoltó
l'agent de police
rendőr
le cuisinier
szakács
le médecin
orvos
le pilote
pilóta

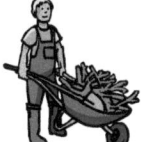

le jardinier

kertész

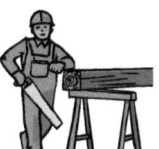

le menuisier

kárpitos

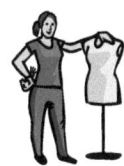

la couturière

varrónő

le juge

bíró

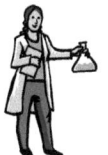

le chimiste

vegyész

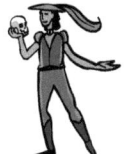

l'acteur

színész

le conducteur de bus

buszsofőr

le chauffeur de taxi

taxisofőr

le pêcheur

halász

la femme de ménage

bejárónő

le couvreur

tetőfedő

le serveur

pincér

le chasseur

vadász

le peintre

festő

le boulanger

pék

l'électricien

villanyszerelő

l'ouvrier

építőmunkás

l'ingénieur

mérnök

le boucher

hentes

le plombier

vízvezeték-szerelő

le facteur

postás

le soldat

katona

l'architecte

építész

le caissier

eladó

le fleuriste

virágos

le coiffeur

fodrász

le contrôleur

kalauz

le mécanicien

műszerész

le capitaine

kapitány

le dentiste

fogorvos

le scientifique

tudós

le rabbin

rabbi

l'imam

imám

le moine

szerzetes

le prêtre

lelkész

les outils
szerszámok

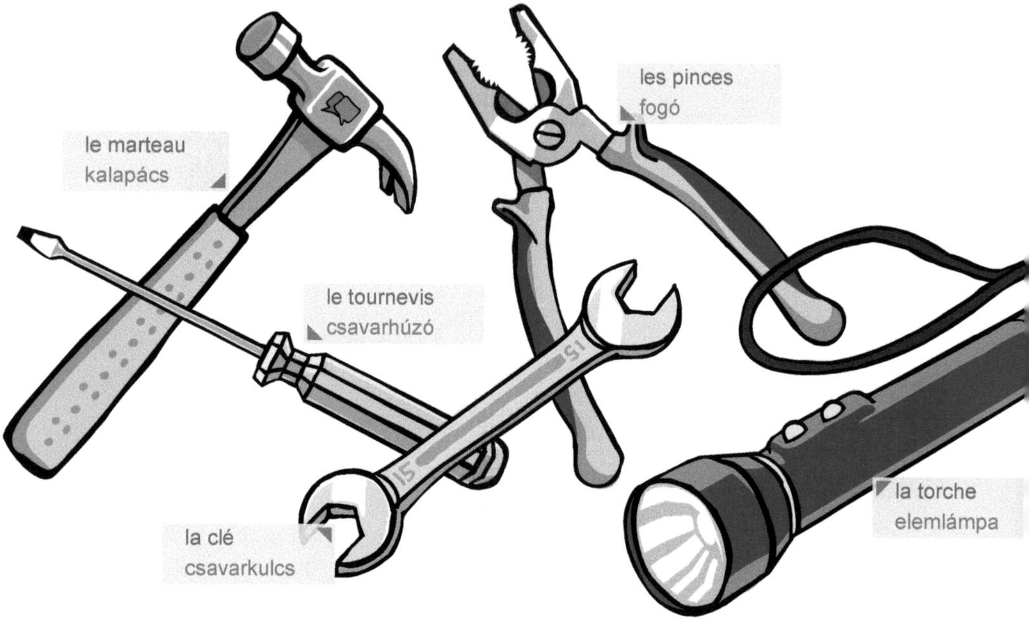
le marteau
kalapács
les pinces
fogó
le tournevis
csavarhúzó
la clé
csavarkulcs
la torche
elemlámpa

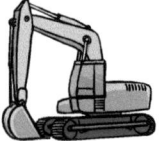

la pelleteuse

markológép

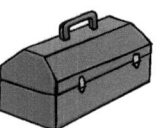

la boîte à outils

szerszámosláda

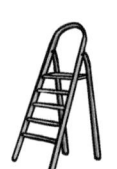

l'échelle

vödör

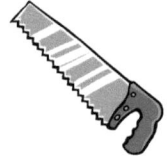

la scie

fűrész

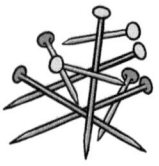

les clous

szög

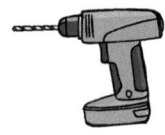

la perceuse

fúrógép

réparer
megjavítani

la pelle
lapát

Mince !
A francba!

la pelle
szemétlapát

le pot de peinture
festékesdoboz

les vis
csavar

les instruments de musique
hangszerek

le haut-parleurs
hangszóró

la batterie
dobfelszerelés

la guitare
gitár

la contrebasse
nagybőgő

la trompette
trombita

le piano

zongora

le violon

hegedű

la basse

basszusgitár

les timbales

üstdob

le tambour

dobok

le piano électrique

digitális zongora

le saxophone

szaxofon

la flûte

fuvola

le microphone

mikrofon

le zoo
állatkert

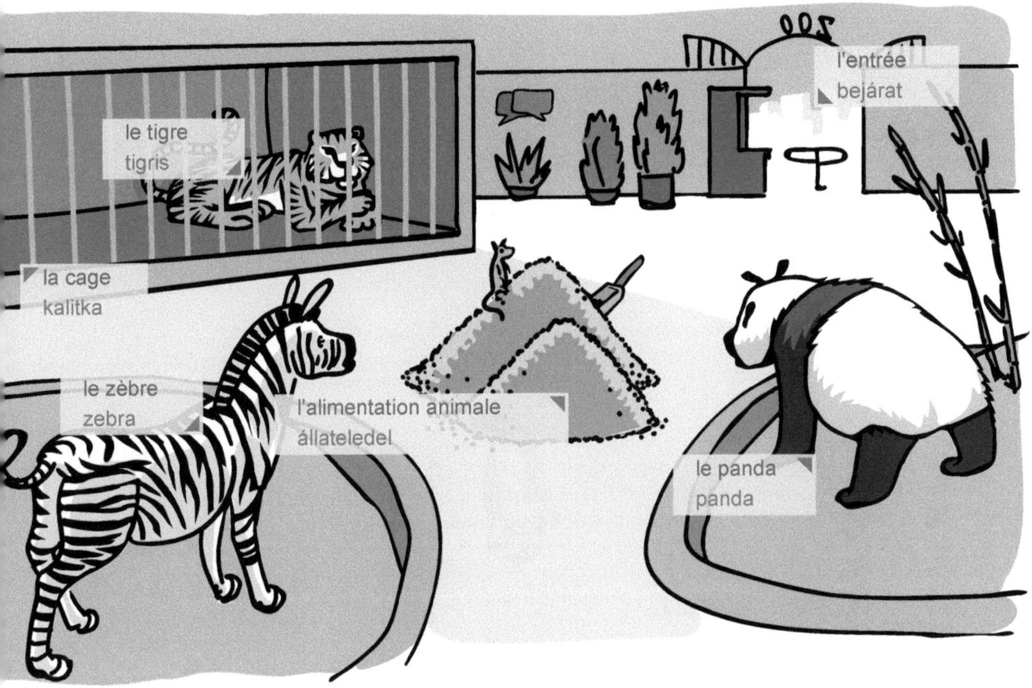
l'entrée
bejárat
le tigre
tigris
la cage
kalitka
le zèbre
zebra
l'alimentation animale
állateledel
le panda
panda

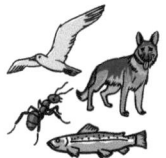

les animaux

állatok

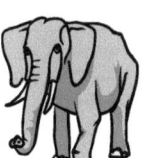

l'éléphant

elefánt

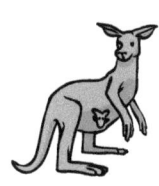

le kangourou

kenguru

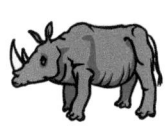

le rhinocéros

orrszarvú

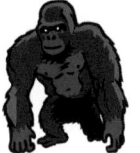

le gorille

gorilla

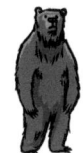

l'ours

medve

le chameau

teve

l'autruche

strucc

le lion

oroszlán

le singe

majom

le flamand rose

flamingó

le perroquet

papagáj

l'ours polaire

jegesmedve

le pingouin

pingvin

le requin

cápa

le paon

páva

le serpent

kígyó

le crocodile

krokodil

le gardien de zoo

állatgondozó

le phoque

fóka

le jaguar

jaguár

le zoo - állatkert

le poney

póniló

le léopard

leopárd

l'hippopotame

víziló

la girafe

zsiráf

l'aigle

sas

le sanglier

vaddisznó

le poisson

hal

la tortue

teknős

le morse

rozmár

le renard

róka

la gazelle

gazella

l'american Football
amerikai futball

le cyclisme
kerékpározás

le tennis
tenisz

le basket-ball
kosárlabda

la natation
úszás

la boxe
boksz

le hockey sur glace
jégkorong

le football
futball

le badminton
tollas

l'athlétisme
atlétika

le handball
kézilabda

le ski
síelés

le polo
lovaspóló

les activités
tevékenységek

sauter
ugrani
embrasser
ölelni
rire
nevetni
marcher
sétálni
chanter
énekelni
rêver
álmodni
prier
dicsérni
faire la bise
csókolni

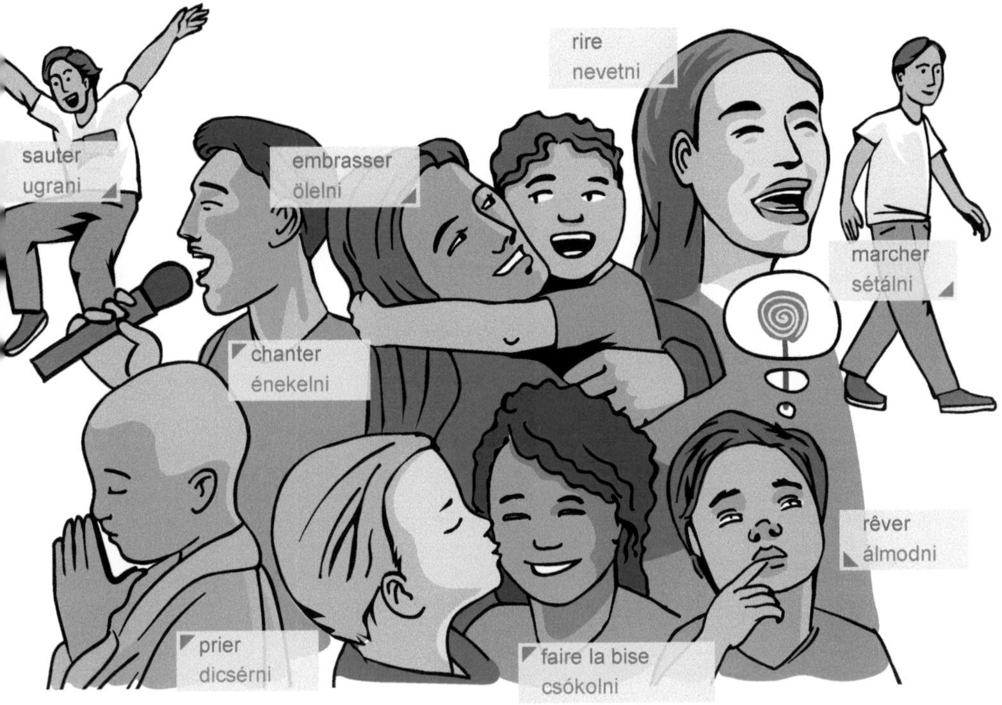

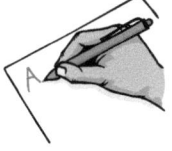

écrire

írni

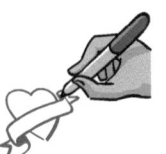

dessiner

rajzolni

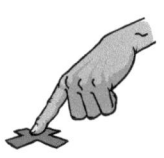

montrer

mutatni

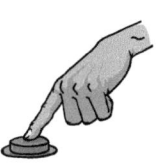

pousser

tolni

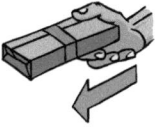

donner

adni

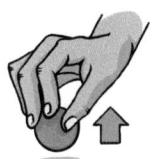

prendre

vinni

avoir

birtokolni

faire

csinálni

être

lenni

être debout

állni

courir

futni

trier

húzni

jeter

hajít

tomber

esni

être couché

hazudni

attendre

várni

porter

vinni

être assis

ülni

s'habiller

felvenni

dormir

aludni

se réveiller

felébredni

regarder
ránézni

pleurer
sírni

caresser
simogat

peigner
fésülni

parler
beszélni

comprendre
megérteni

demander
kérdezni

écouter
hallgatni

boire
inni

manger
enni

ranger
takarítani

aimer
szeretni

cuire
főzni

conduire
vezetni

voler
szállni

faire de la voile

vitorlázni

calculer

számol

lire

olvasni

apprendre

tanulni

travailler

dolgozni

se marier

házasodni

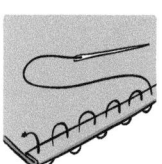

coudre

varrni

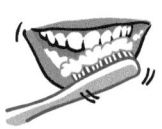

brosser les dents

fogat mosni

tuer

ölni

fumer

dohányozni

envoyer

küldeni

la famille
család

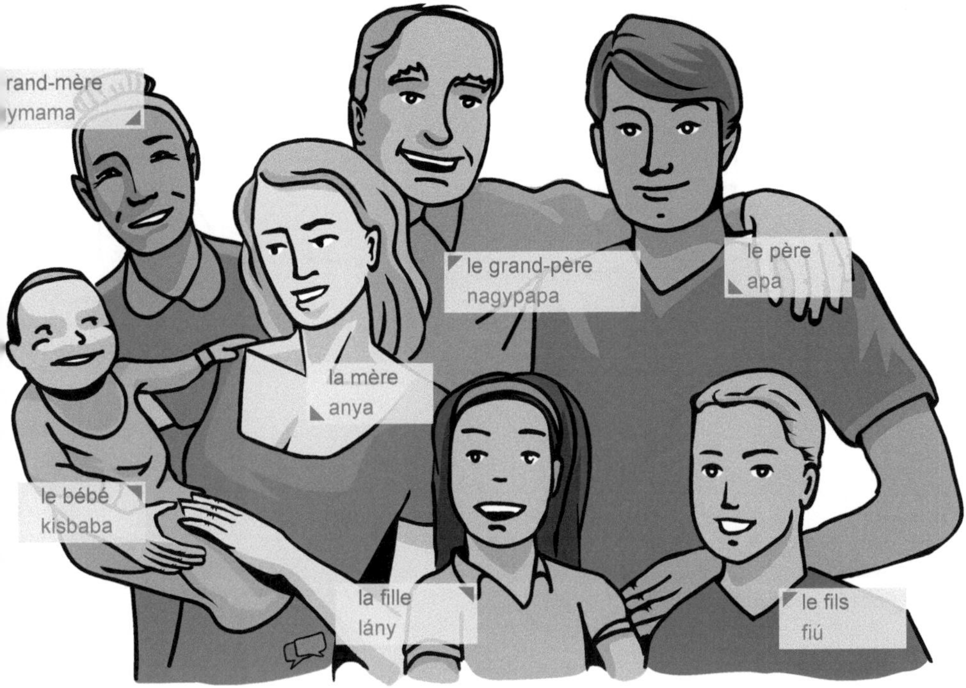
rand-mère
ymama
le grand-père
nagypapa
le père
apa
la mère
anya
le bébé
kisbaba
la fille
lány
le fils
fiú

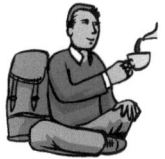

l'hôte

vendég

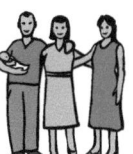

la tante

nagynéni

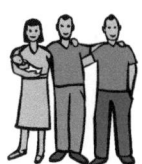

l'oncle

nagybácsi

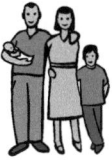

le frère

fiútestvér

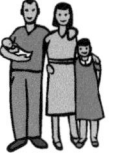

la sœur

lánytestvér

le corps

test

le front
homlok
l'œil
szem
l'épaule
váll
le doigt
ujj
le visage
arc
le menton
áll
la main
kéz
la poitrine
mell
la jambe
láb
le bras
kar

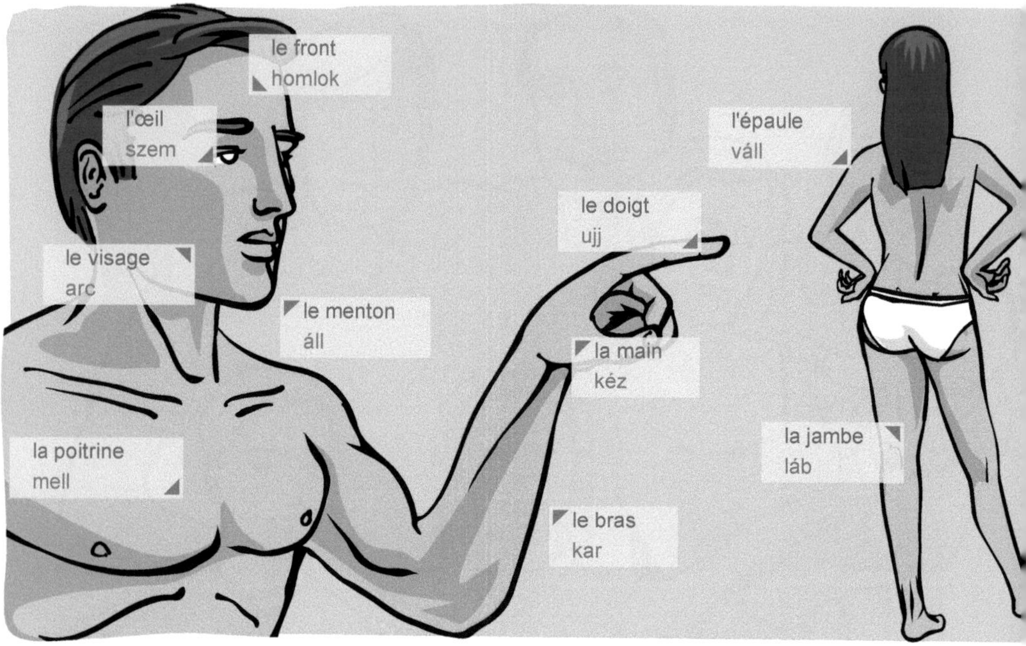

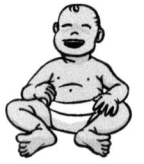

le bébé
kisbaba

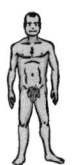

l'homme
ember

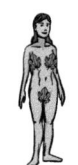

la femme
nő

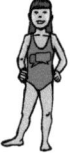

la fille
lány

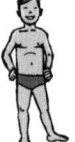

le garçon
fiú

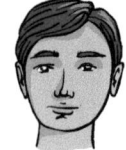

la tête
fej

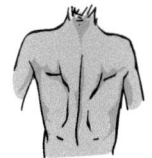

le dos

hát

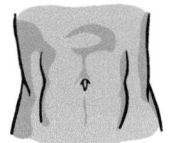

le ventre

has

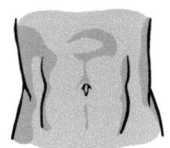

le nombril

köldök

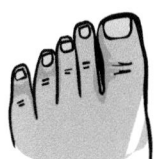

l'orteil

lábujj

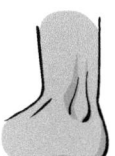

le talon

sarok

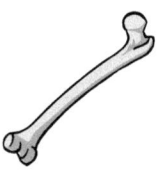

l'os

csont

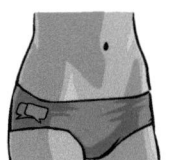

la hanche

csípő

le genou

térd

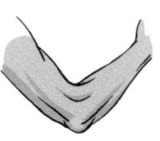

le coude

könyök

le nez

orr

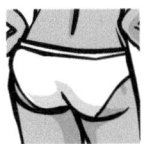

les fesses

fenék

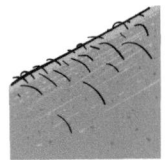

la peau

bőr

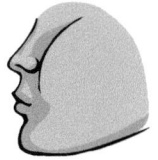

la joue

orca

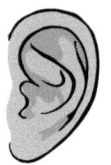

l'oreille

fül

la lèvre

ajak

le corps - test

69

la bouche
....
száj

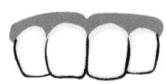

la dent
....
fog

la langue
....
nyelv

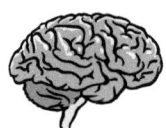

le cerveau
....
agy

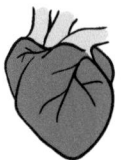

le cœur
....
szív

le muscle
....
izom

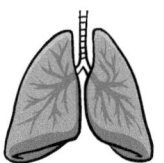

les poumons
....
tüdő

le foie
....
máj

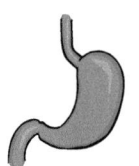

l'estomac
....
gyomor

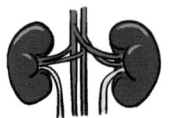

les reins
....
vese

le rapport sexuel
....
szex

le préservatif
....
kondom

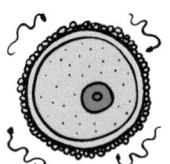

l'ovule
....
petesejt

le sperme
....
sperma

la grossesse
....
terhesség

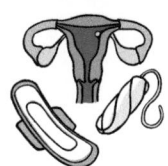

la menstruation

menstruáció

le vagin

vagina

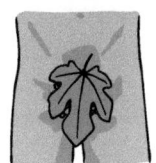

le pénis

pénisz

le sourcil

szemöldök

les cheveux

haj

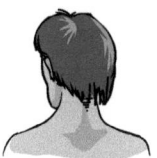

le cou

nyak

l'hôpital
kórház

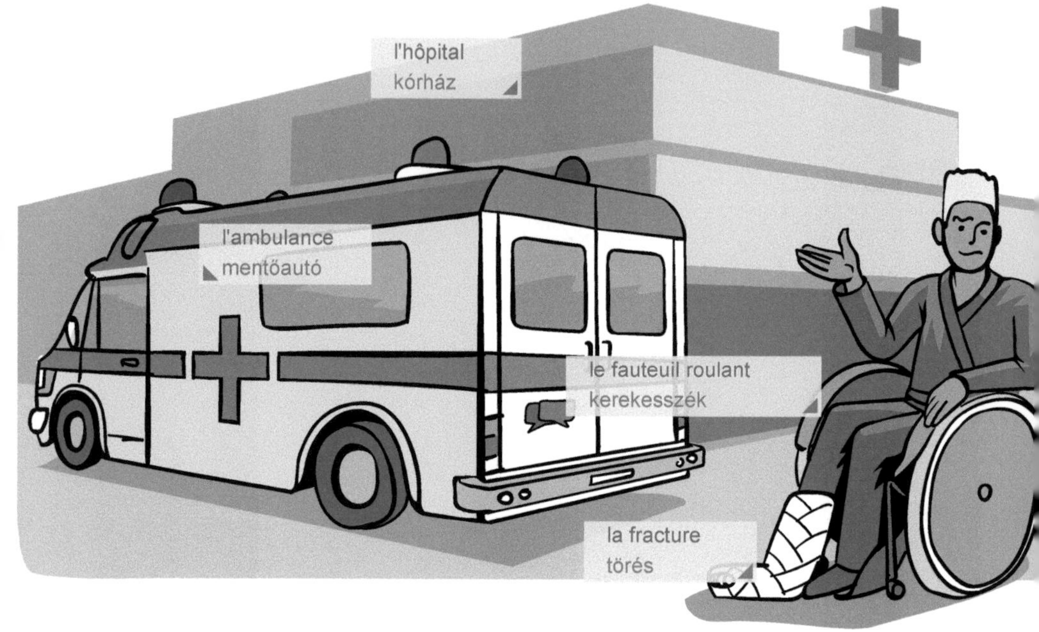

l'hôpital
kórház
l'ambulance
mentőautó
le fauteuil roulant
kerekesszék
la fracture
törés

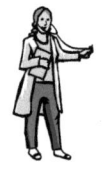

le médecin

orvos

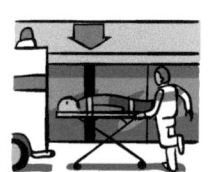

le service des urgences

sürgősségi osztály

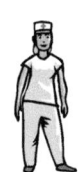

l'infirmière

ápoló

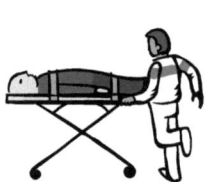

l'urgence

vészhelyzet

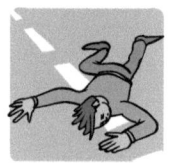

inconscient

eszméletlen

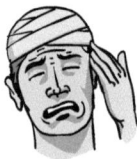

la douleur

fájdalom

la blessure

sérülés

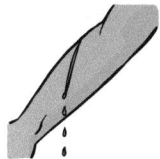

l'hémorragie

vérzés

la crise cardiaque

szívroham

l'attaque cérébrale

szélütés

l'allergie

allergia

la toux

köhögés

la fièvre

láz

la grippe

influenza

la diarrhée

hasmenés

le mal de tête

fejfájás

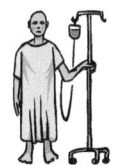

le cancer

rák

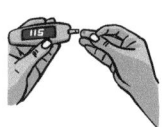

le diabète

cukorbetegség

le chirurgien

sebész

le scalpel

szike

l'opération

műtét

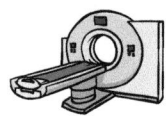

le CT

CT

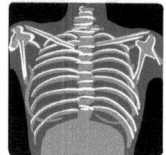

la radiographie

röntgen

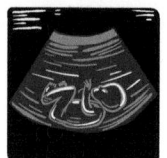

l'échographie

ultrahang

le masque

arcmaszk

la maladie

betegség

la salle d'attente

váróterem

la béquille

mankó

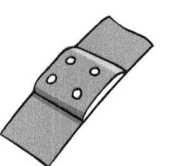

le pansement

sebtapasz

le pansement

kötszer

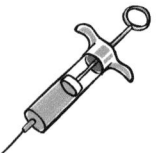

l'injection

injekció

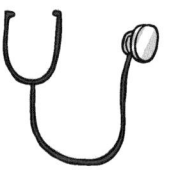

le stéthoscope

sztetoszkóp

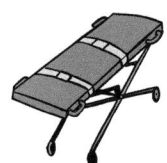

le brancard

hordágy

le thermomètre

klinikai hőmérő

l'accouchement

születés

la surcharge pondérale

túlsúly

l'appareil auditif

hallókészülék

le désinfectant

fertőtlenítőszer

l'infection

fertőzés

le virus

vírus

le VIH / le sida

HIV/AIDS

le médicament

orvosság

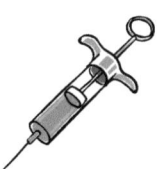

la vaccination

oltás

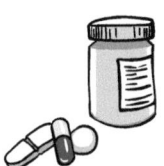

les comprimés

tabletták

la pilule

tabletta

l'appel d'urgence

sürgősségi hívás

le tensiomètre

vérnyomásmérő

malade / sain

betegség / egészség

Au secours !

Segítség!

l'alarme

riasztás

l'assaut

rajtaütés

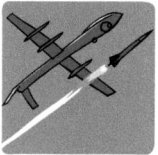

l'attaque

támadás

le danger

veszély

la sortie de secours

vészkijárat

Au feu!

tűz!

l'extincteur

tűzoltókészülék

l'accident

baleset

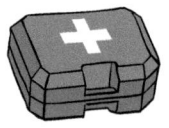

la trousse de premier
secours

elsősegélycsomag

SOS

SOS

la police

rendőrség

l'Europe

Európa

l'Amérique du Nord

Észak-Amerika

l'Amérique du Sud

Dél-Amerika

l'Afrique

Afrika

l'Asie

Ázsia

l'Australie

Ausztrália

l'Océan atlantique

Atlanti-óceán

l'Océan pacifique

Csendes-óceán

l'Océan indien

Indiai-óceán

l'Océan antarctique

Déli-óceán

l'Océan arctique

Jeges-tenger

le Pôle nord

Északi-sark

le Pôle sud

Déli-sark

l'Antarctique

Antarktisz

la terre

föld

le pays

szárazföld

la mer

tenger

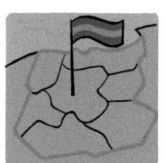

l'île

sziget

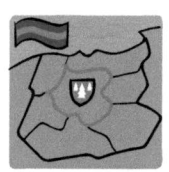

la nation

nemzet

l'état

állam

le cadran

számlap

l'aiguille des heures

kismutató

l'aiguille des minutes

nagymutató

l'aiguille des secondes

másodpercmutató

Quelle heure est-il ?

Mennyi az idő?

le jour

nap

le temps

idő

maintenant

most

la montre digitale

digitális óra

la minute

perc

l'heure

óra

la semaine
hét

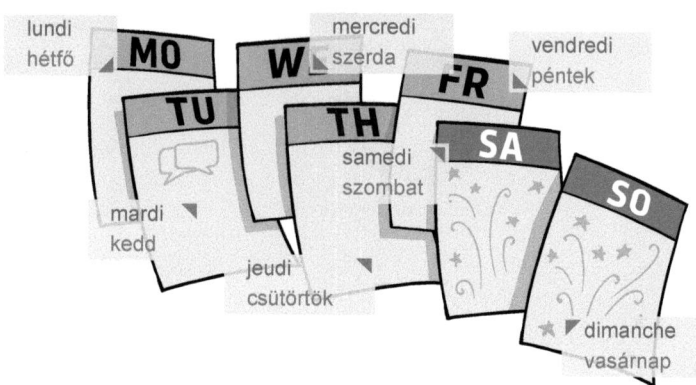

lundi / hétfő
mardi / kedd
mercredi / szerda
jeudi / csütörtök
vendredi / péntek
samedi / szombat
dimanche / vasárnap

hier
....
tegnap

aujourd'hui
....
ma

demain
....
holnap

le matin
....
reggel

le midi
....
dél

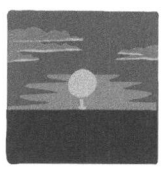

le soir
....
este

les jours ouvrables
....
hétköznap

le week-end
....
hétvége

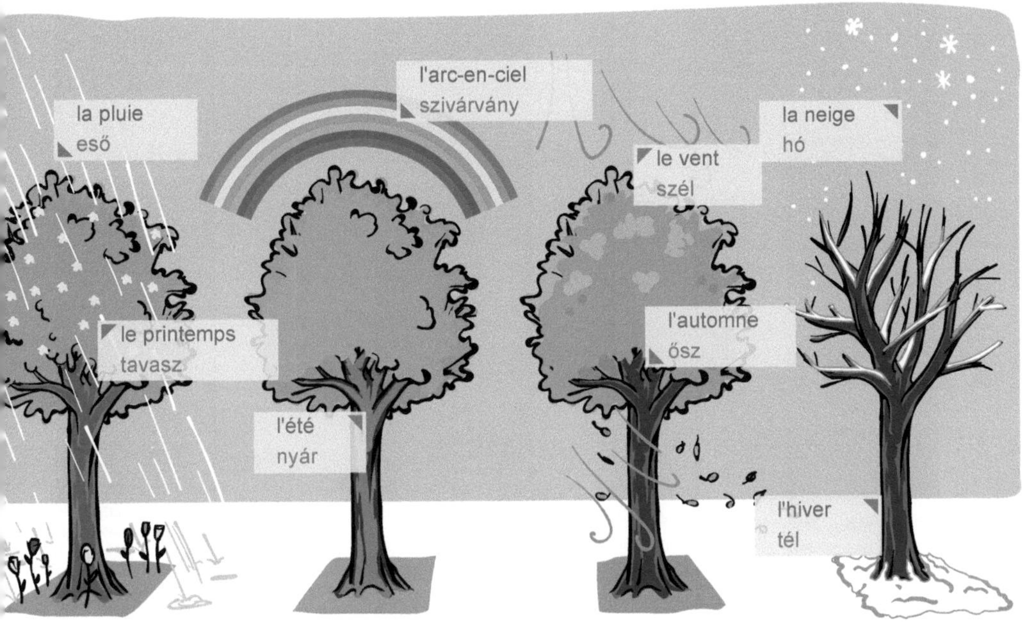

la pluie
eső
l'arc-en-ciel
szivárvány
la neige
hó
le vent
szél
le printemps
tavasz
l'automne
ősz
l'été
nyár
l'hiver
tél

4.APRIL 11°
5.APRIL 4°
6.APRIL 13°
7.APRIL 8°
8.APRIL 10°

la météo
....
időjárás előrejelzés

F
C
120
90
60
30
0
-30
40
30
20
10
0
-10
-20

le thermomètre
....
hőmérő

la lumière du soleil
....
napsütés

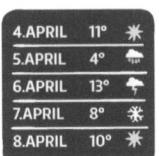

le nuage
....
felhő

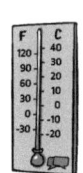

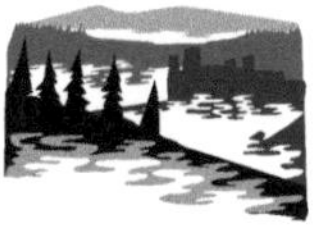

le brouillard
....
köd

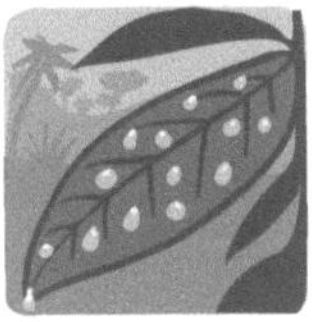

l'humidité
....
páratartalom

la foudre

villámlás

la tonnerre

mennydörgés

la tempête

vihar

la grêle

jégeső

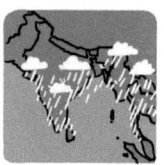

la mousson

monszun

l'inondation

áradás

la glace

jég

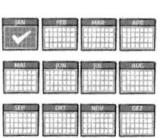

janvier

január

février

február

mars

március

avril

április

mai

május

juin

június

juillet

július

août

augusztus

septembre
....
szeptember

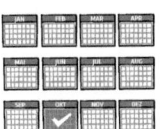

octobre
....
október

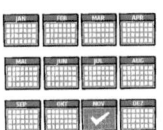

novembre
....
november

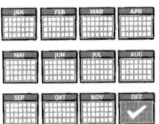

décembre
....
december

les formes
alakzatok

le cercle
....
kör

le carré
....
négyzet

le rectangle
....
téglalap

le triangle
....
háromszög

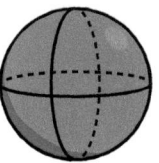

la sphère
....
gömb

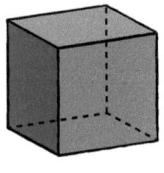

le cube
....
kocka

blanc

fehér

jaune

sárga

orange

narancs

rose

rózsaszín

rouge

piros

violet

lila

bleu

kék

vert

zöld

marron

barna

gris

szürke

noir

fekete

beaucoup / peu

sok / kevés

fâché / calme

mérges / nyugodt

joli / laid

szép / csúnya

le début / la fin

kezdet / vég

grand / petit

nagy / kicsi

clair / obscure

világos / sötét

frère / soeur

fivér / nővér

propre / sale

tiszta / koszos

complet / incomplet

teljes / nem teljes

le jour / la nuit

nappal / éjszaka

mort / vivant

halott / élő

large / étroit

széles / keskeny

comestible / incomestible

ehető / nem ehető

méchant / gentil

gonosz / kedves

excité / ennuyé

izgatott / unott

gros / mince

kövér / vékony

le premier / le dernier

első / utolsó

l'ami / l'ennemi

barát / ellenség

plein / vide

teli / üres

dur / souple

kemény / puha

lourd / léger

nehéz / könnyű

faim / soif

éhség / szomjúság

malade / sain

betegség / egészség

illégal / légal

illegális / legális

intelligent / stupide

intelligens / buta

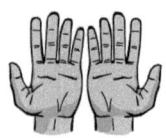

gauche / droite

bal / jobb

proche / loin

közel / távol

nouveau / usé

új / használt

rien / quelque chose

semmi / valami

vieux / jeune

idős / fiatal

marche / arrêt

be / ki

ouvert / fermé

nyitva / zárva

faible / fort

csendes / hangos

riche / pauvre

gazdag / szegény

correct / incorrect

helyes / helytelen

rugueux / lisse

érdes / sima

triste / heureux

szomorú / vidám

court / long

rövid / hosszú

lent / rapide

lassú / gyors

mouillé / sec

nedves / száraz

chaud / froid

meleg / hideg

la guerre / la paix

háború / béke

les nombres

számok

0

zéro

nulla

1

un / une

egy

2

deux

kettő

3

trois

három

4

quatre

négy

5

cinq

öt

6

six

hat

7

sept

hét

8

huit

nyolc

9

neuf

kilenc

10

dix

tíz

11

onze

tizenegy

12
douze
tizenkettő

13
treize
tizenhárom

14
quatorze
tizennégy

15
quinze
tizenöt

16
seize
tizenhat

17
dix-sept
tizenhét

18
dix-huit
tizennyolc

19
dix-neuf
tizenkilenc

20
vingt
húsz

100
cent
száz

1.000
mille
ezer

1.000.000
le million
millió

les langues
nyelvek

l'anglais

angol

l'anglais américain

amerikai angol

le chinois mandarin

mandarin kínai

le hindi

hindi

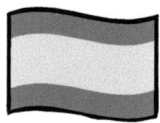

l'espagnol

spanyol

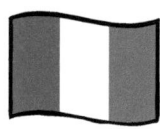

le français

francia

l'arabe

arab

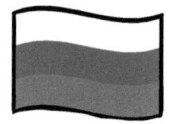

le russe

orosz

le portugais

portugál

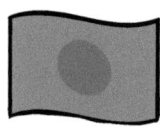

le bengali

bengáli

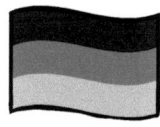

l'allemand

német

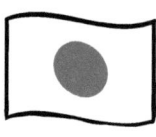

le japonais

japán

je

én

tu

te

il / elle / ce, c', cela

ő

nous

mi

vous

ti

ils / elles

ök

Qui ?

ki?

Quoi ?

mi?

Comment ?

hogyan?

Où ?

hol?

Quand ?

mikor?

le nom

név

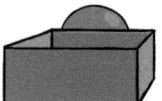

derrière

mögött

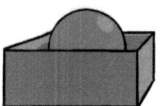

dans

benne

devant

elötte

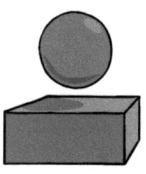

au-dessus

felette

sur

rajta

en-dessous

alatta

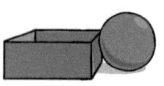

à côté de

mellett

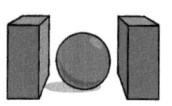

entre

között

le lieu

hely